꼼꼼꼼꼼 그림수학

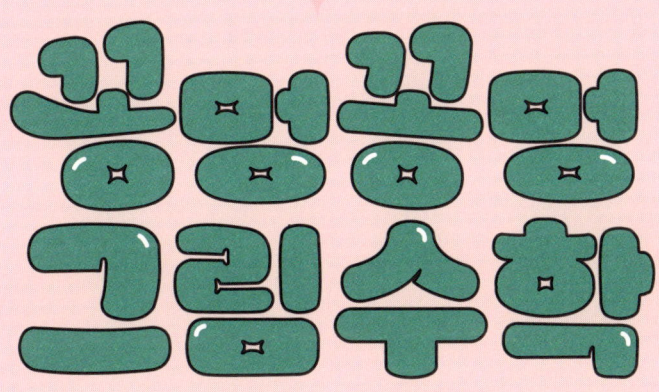

❷ 눈 깜짝할 사이는 몇 초?

머리말

수학은 늘 생활 속에 가까이 있어요!

《꽁멍꽁멍 그림수학》 시리즈의 통통 튀는 두 주인공 꽁멍이와 통통이가 생활 속 곳곳을 누비며 여러분을 신나는 수학의 세계로 데려가 줄 거예요. 우리가 자주 가는 마트, 놀이터, 공원, 학교, 우리 집 속에도 재미있는 수학이 숨어 있거든요. 수학이라고 하니 혹시 벌써 '계산하고 문제를 푸는 것 아냐?' 하고 머리가 아파 온다면 그런 걱정은 떨쳐도 돼요! 꽁멍이와 통통이가 펼치는 배꼽 잡는 만화를 보고, 엉뚱하면서도 궁금해지는 질문을 따라가다 보면, 어느새 '이것도 수학이야? 수학이 재밌네!' 하며 수학과 친해지게 될 테니까요.

꽁멍이나 통통이처럼 여러분도 생활 속에서 엉뚱한 질문을 많이 해 보길 바랄게요. 당연하다고 여겼던 것들도 '왜?' 또는 '꼭 그래야만 해?'라는 생각으로 다시 보면, 몰랐던 신기한 보물을 발견하게 될지도 모르니까요. 준비되었다면 꽁멍이와 통통이를 만나 봐요!

주인공을 소개합니다

맛있는 딸기 케이크를 먹는 게 제일 좋아!
나와 늘 함께하는 단짝 친구 통통이는 시도 때도
없이 엉뚱한 질문을 해. 가끔은 귀찮기도 하지만,
통통이 덕분에 나는 종종 탐정이 되는 것 같아.
똑똑한 탐정이 되어 수학으로 사건을 해결하고
싶은 내 이름은 꽁멍이야.

남들과 똑같은 건 싫어! 통통 튀는 게
내 매력이지. 내 엉뚱한 질문에 대답해 주는
똑똑한 꽁멍이와 늘 함께 하고 있어.
우당탕탕 실수를 하기도 하지만, 뭐 어때!
나처럼 엉뚱한 생각을 자주 하다 보면 몰랐던
재미를 많이 알게 될 거야.
엉뚱하고 귀여운 나는 통통이라고 해.

차례

머리말   4
주인공을 소개합니다   5

1장 동물과 식물

01 동물을 무늬로 나눌 수 있을까?   8
02 어느 쪽이 더 잘 자라나?   14
03 강아지는 사람 나이로 몇 살일까?   20
04 나뭇잎, 다 달라도 공통점이 있어!   26

2장 시간과 달력

05 나와 생일이 똑같은 친구가 있을까?   32
06 눈 깜짝할 사이는 몇 초일까?   38
07 설날은 왜 해마다 달라질까?   44
08 한국은 아침인데, 왜 영국은 밤일까?   50

3장 음식과 도구

- 09 삼각김밥 하나로는 배가 안 차! — 56
- 10 수박 한 통, 똑같이 나눠 먹으려면? — 62
- 11 국수마다 모양이 다르다고? — 68
- 12 캔은 왜 모두 원기둥 모양일까? — 74
- 13 케이크 맛이 이상해! — 80

4장 놀이와 게임

- 14 다른 모양의 주사위도 있을까? — 86
- 15 가위바위보 말고 더 있어? — 92
- 16 내가 원하는 뽑기는 왜 안 나올까? — 98
- 17 종이비행기를 오래 날리려면? — 104

꽁멍과 통통의 수학 수다 & 퀴즈 — 110

01
동물을 무늬로 나눌 수 있을까?

어떤 무늬 동물이 있을까요?

동물들을 무늬에 따라 나눠 보려고 해요. 동물들의 몸을 잘 살펴보면 여러 종류의 무늬가 있어요. 어떤 무늬가 있을까요?

같은 무늬 동물끼리 팀을 만들어요!

무늬가 같은 동물끼리 모여 봐요. 줄무늬 동물, 점무늬 동물, 무늬가 없는 동물, 나만의 무늬를 가진 동물들끼리 모여 팀을 만들었어요.

민무늬 팀

무늬가 없는 동물 모여라!

맹수들이 꼭 무늬가 있는 건 아니야. 난 무늬가 부럽지 않아!

무늬보다 따뜻하고 포근한 털이 더 중요한 거 아냐?

내 털 한번 만져 봐. 얼마나 부드러운지 모두 반할걸?

나만의 무늬 팀

나만의 무늬를 가진 동물 모여라!

남들과 비슷한 무늬는 싫어! 나는 화려한 무늬로 암컷 공작에게 사랑을 고백할 거야.

눈과 귀, 팔다리에만 검은 털을 가진 내 특별한 무늬가 정말 좋아.

무늬별로 동물을 나눠 보니 동물들의 무늬에 대해 한눈에 알 수 있네!

? 무늬로 동물을 나눌 때, 다람쥐와 같은 팀이 아닌 동물을 고르세요.

❶ 얼룩말　　❷ 뱀　　❸ 판다　　❹ 호랑이

정답 : 윤곰

무늬마다 규칙이 있다고요?

동물의 무늬를 좀 더 자세히 살펴볼까요? 반복된 모양을 찾을 수 있을 거예요. 얼룩말, 표범, 그리고 기린의 무늬에는 각각 어떤 규칙이 있는지 알아봐요.

얼룩말의 줄무늬는 흰색과 검은색이 번갈아 나타나.

기린의 무늬에는 삼각형, 사각형, 오각형 등 여러 모양이 보여!

02 어느 쪽이 더 잘 자라나?

새싹부터 열매까지 식물의 한살이를 알아봐요!

강낭콩은 어떤 식물일까요? 강낭콩의 한살이를 통해 강낭콩 키우기의 시작부터 끝까지의 과정을 알아봐요. '한살이'란 생물이 태어나서 생을 마칠 때까지를 뜻해요.

동물과 식물

강낭콩의 성장 일기, 무엇을 기록할까요?

강낭콩은 하루가 지날 때마다 쑥쑥 잘 자라는 식물이에요. 성장 일기에는 무엇을 기록해야 할까요?

하나, 줄기의 길이를 잰다!

4월 1일
강낭콩의 떡잎이 시들고 본잎이 나기 시작했다. 줄기의 길이를 자로 재 보니 7센티미터가 되었다.

★주의할 점 : 줄기의 길이는 새순이 자란 바로 아래까지 길이를 잰다. 자가 기울어지지 않도록 흙에서부터 곧게 세워 잰다. 단위가 센티미터인 자가 적당하다.

강낭콩은 하루가 다르게 키가 쑥쑥 자라. 매일 강낭콩 줄기의 길이를 기록하면 얼마나 자라는지 알 수 있어.

둘, 잎의 개수를 센다!

4월 15일
잎의 개수도 많이 늘었다. 잎을 모두 세어 보니 6개다.

★주의할 점 : 잎이 많아질수록 빠짐없이 개수를 세야 한다. 위에서 아래로, 또는 아래에서 위로 잎의 개수를 센다.

셋, 꽃의 개수를 센다!

4월 29일
며칠 전부터 꽃봉오리가 생기기 시작했다. 오늘 세어 본 꽃봉오리는 모두 5개다.

★주의할 점 : 꽃의 색깔, 꽃봉오리의 개수, 핀 꽃의 개수 등을 꼼꼼하게 기록한다. 꽃봉오리가 줄기 곳곳에 많이 생기기 때문에 빠짐없이 세도록 한다.

드디어 꽃이 피기 시작했어! 꽃이 지면 꼬투리가 생기겠지?

넷, 열매의 개수를 센다!

5월 12일
꽃이 떨어진 자리에 꼬투리가 생겼다. 꼬투리가 점점 커지고 색이 누레지고 있다. 꼬투리를 모두 세어 보니 10개다.

★주의할 점 : 꼬투리가 떨어지지 않도록 조심한다. 누렇게 되었을 때 수확하고, 꼬투리를 열어 콩의 개수를 센다.

? 식물의 성장 일기를 쓰는 방법으로 맞으면 O, 틀리면 X를 하세요.

❶ 줄기의 길이를 잴 때는 미터 단위로 길이를 잰다. (   )

❷ 잎의 개수를 셀 때는 빠짐없이 세도록 한다. (   )

❸ 강낭콩 꼬투리가 초록색일 때 수확해 개수를 센다. (   )

정답 : X, O, X

누가 누가 더 잘 자라고 있나요?

강낭콩의 성장 일기를 쓰더라도 강낭콩이 어떻게 자랐는지 한눈에 알아보기는 어려워요. 성장 일기에 기록한 자료로 그래프를 그려 봐요.

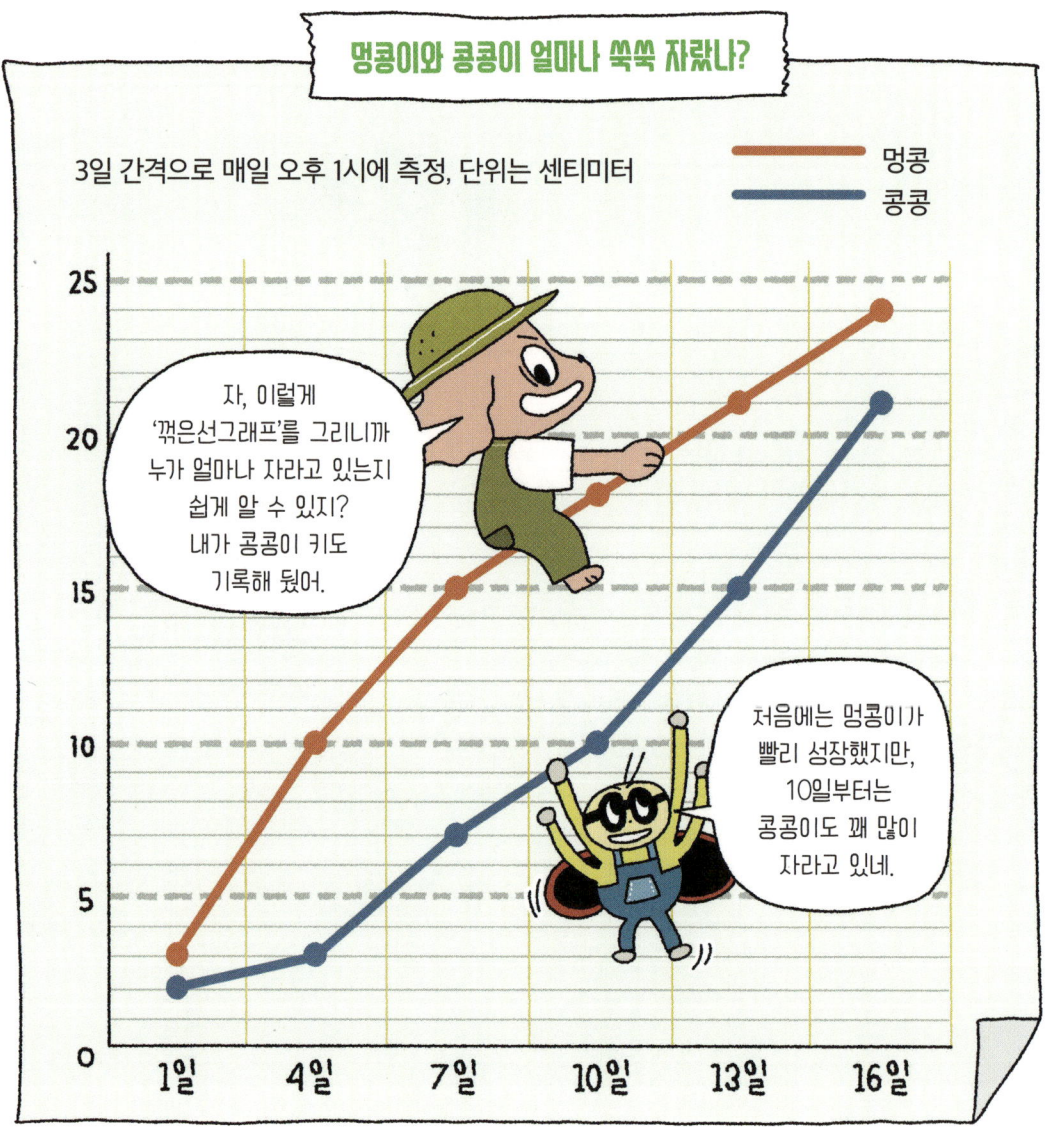

서로 다른 두 강낭콩의 키, 또는 잎의 개수, 꼬투리의 개수를 비교해 보려면 어떤 그래프를 그리면 될까요?

멍콩이와 콩콩이, 누가 잎과 꼬투리가 더 많을까?

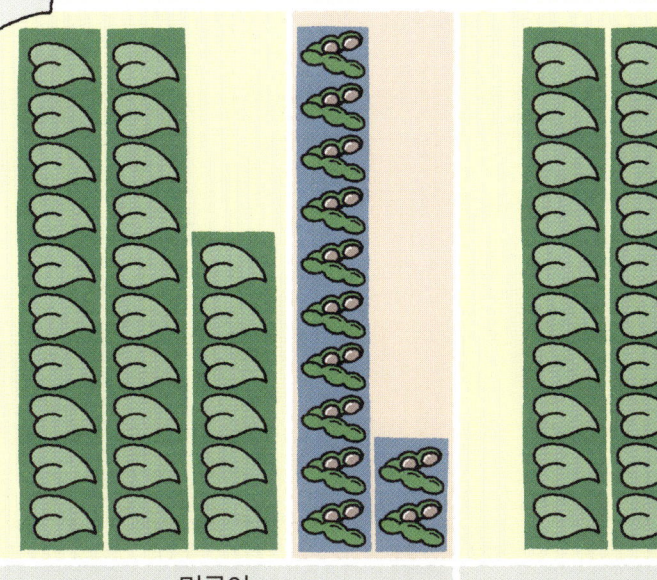

멍콩이 　　　　　　　　　　 콩콩이

'막대그래프'를 그리면 쉽게 양을 비교할 수 있어. 멍콩이가 콩콩이보다 잎도 많고 꼬투리도 많다는 걸 쉽게 알 수 있지! 이제 내 멍콩이를 돌려줘.

멍콩이가 잘 자라는 게 부러워서 그랬어. 미안해! 나도 콩콩이 성장 일기를 쓰면서 잘 키울게.

? 강낭콩이 어떻게 자라는지 변화를 알고 싶다면 ☐그래프, 두 강낭콩의 잎 개수나 꼬투리 개수를 비교하고 싶다면 ☐그래프를 그리면 된다. ☐안에 들어갈 말을 순서대로 쓴 것을 고르세요.

❶ 꺾은선, 막대　　　　❷ 막대, 꺾은선

❶ : 답정

강아지는 사람 나이로 몇 살일까?

동물들은 몇 살까지 살까요?

사람의 수명은 약 80~100세예요. 수명은 생물이 태어나 죽음에 이르기까지의 기간을 말해요. 동물들은 몇 살까지 살까요? 동물의 수명을 알아봐요.

우리 집 동물은 사람 나이로 몇 살일까요?

반려동물의 나이를 사람의 나이로 바꾸면 몇 살일까요? 동물들의 나이를 사람의 나이로 바꾼 결과를 표로 나타내면 다음과 같다고 해요.

개의 나이	사람의 나이
1년	18세
2년	24세
3년	28세
5년	36세
10년	56세
15년	76세

토끼의 나이	사람의 나이
1개월	2세
6개월	13세
1년	20세
3년	34세
5년	46세
10년	76세

개의 종류나 크기에 따라 수명이 달라. 작은 개가 큰 개보다 수명이 조금 더 긴 편이야.

꽁멍아, 너는 사람으로 치면 18살쯤 되는 거네! 젊다 젊어~!

동물의 1년과 사람의 1년은 왜 다를까요?

강아지가 태어난 지 1년 되었을 때, 사람의 나이로는 18세로 18년이 늘었는데, 2년 째에는 사람의 나이로는 24세로 6년밖에 늘지 않았어요. 동물의 나이를 사람의 나이로 예상해 보려면 생애 주기를 생각해야 해요. 생애 주기란 태어나서 죽을 때까지 변화에 따라 단계로 나눈 것을 뜻해요.

사람의 생애 주기

0~20세	21~40세
성장기	청년기

개의 생애 주기

1년	2~6년	
성장기	성견	

통통아, 우리는 나이가 달라도 마음이 통하는 최고의 친구야.

> ❓ 빈칸에 들어갈 적당한 수를 순서대로 나타낸 것을 고르세요.
>
> 사람은 태어나서 성장이 끝날 때까지 약 ☐년 정도가 걸려요.
> 반면 개는 성장이 다 끝날 때까지 약 ☐년 걸려요.
> 개와 사람은 성장 속도가 달라요.
>
> ❶ 10, 1   ❷ 20, 1   ❸ 10, 10   ❹ 20, 10

정답 : ❷

41~60세 중년기 | **60세 이후** 노년기

7~13년 노령견 | **13년 이후** 고령견

> 꽁멍아, 15년 넘게 산 친구 있니? 어쩌면 나랑 마음이 통할지도 몰라서 말이야. 흑흑.

나뭇잎, 다 달라도 공통점이 있어!

어떤 모양의 나뭇잎이 있을까요?

나뭇잎을 모양에 따라 나눠 보려고 해요. 나뭇잎을 잘 살펴보면 여러 종류의 모양이 있어요. 어떤 모양을 찾았나요?

나뭇잎에 있는 규칙을 찾아봐요!

나무마다 나뭇잎의 모양도 색깔도 다르지만, 나뭇잎을 잘 살펴보면 규칙이 있어요. 어떤 규칙이 있을까요.

하나, 나뭇잎은 반쪽 쌍둥이예요!

모양은 다른데, 잎자루*가 이어지는 잎맥을 기준으로 왼쪽, 오른쪽이 쌍둥이처럼 똑같아요! 이렇게 선을 기준으로 접었을 때 똑같은 모양을 '선대칭도형'이라고 해요.

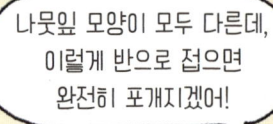

나뭇잎 모양이 모두 다른데, 이렇게 반으로 접으면 완전히 포개지겠어!

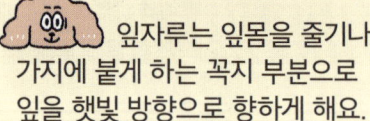

잎자루는 잎몸을 줄기나 가지에 붙게 하는 꼭지 부분으로 잎을 햇빛 방향으로 향하게 해요.

접어서 펼치면 나뭇잎이 완성돼요!

색종이를 접어서 나뭇잎의 반쪽 모양을 그린 다음 가위로 오리면 나뭇잎을 만들 수 있어요.

05
나와 생일이 똑같은 친구가 있을까?

태어난 달이 똑같은 친구가 꼭 있을까요?

생일은 1월부터 12월까지의 날짜 중 하루예요. 강아지 두 마리가 태어난 달이 반드시 똑같으려면 총 몇 마리가 있어야 할까요?

시간과 달력

생일이 같은 친구가 반드시 있을까요?

13마리 강아지 안에는 태어난 달이 같은 강아지가 반드시 한 쌍은 있어요. 그럼 날짜까지 똑같은 강아지가 반드시 한 쌍이 있으려면, 강아지가 몇 마리 있어야 할까요?

> 와, 강아지 진짜 많다! 몇 마리가 있으면 생일이 똑같은 강아지 한 쌍이 반드시 생길까?

? 강아지 366마리가 있어요. 이 안에는 생일이 같은 강아지 ☐쌍이 반드시 있다. ☐ 안에 알맞은 말을 고르세요.

❶ 한　　　❷ 두　　　❸ 세　　　❹ 네

❶ : 月요

100마리만 모여도 생일이 같은 짝꿍이 나올 수 있다고요?

366명 안에는 반드시 생일이 똑같은 사람이 생기게 돼요. 그런데 생각보다 적은 수가 모여도 그 안에 같은 생일자가 있을 수 있어요.

5마리 ➡ 2.7퍼센트

5마리 중 생일이 같은 한 쌍이 생길 확률은 고작 2.7퍼센트. 거의 어렵다고 봐!

10마리 ➡ 11.7퍼센트

아주 운이 좋다면, 생일이 같은 강아지 한 쌍이 나올 수 있지!

23마리 ➡ 50.7퍼센트

23마리만 모여도 생일이 같은 한 쌍이 생길 가능성이 약 50퍼센트야!

어떤 일이 일어날 가능성을 수로 나타낸 것을 '확률'이라고 해요. 확률이 0이면 절대 일어나지 않는다는 뜻이고, 확률이 100이면 반드시 일어난다는 뜻이에요.

시간과 달력

40마리 ➡ 88.1퍼센트

와! 40마리가 넘으면 거의 90퍼센트에 가까워. 23마리에서 17마리 늘었을 뿐인데 확률이 많이 커졌네! 생일이 같은 강아지 한 쌍이 있을 수 있겠어.

60마리 ➡ 99.4퍼센트

99.4퍼센트가 넘는다는 건 거의 생일이 같은 강아지가 있다고 봐도 될 정도지!

통통아, 100마리 안에 생일이 같은 친구 한 쌍이 있다고 해서 그게 너와 생일이 같은 친구라는 뜻은 아니야. 내 생일 파티에 같이 가서 맛있는 거 먹자.

힝, 그런 거였어?

눈 깜짝할 사이는 몇 초일까?

1초가 모이면 하루! 하루는 몇 초일까요?

눈을 깜빡하면 지나는 1초, '초'는 시간을 재는 단위예요. 1초가 얼마나 모여야 1분이 될까요? 또 1분은 얼마나 모여야 1시간이 될까요? 하루를 초로 나타내면 몇 초인지 알아봐요!

1초	1분	1시간	하루
	=60초	= 60분	= 24시간
		= 60초×60분	= 60분×24시간
		= 3,600초	= 1,440분
			= 60초×1,440분
			= 8만 6,400초

짧은 시간을 표현하는 말, 말, 말!

'눈 깜짝할 사이'라는 말은 아주 짧은 시간을 뜻하는 말이에요. 눈을 깜빡이는 데 몇 초가 걸릴까요? 짧은 시간을 나타내는 여러 가지 말도 함께 알아봐요.

> 찰나의 기록을 다투는 스포츠!

1초보다 더 짧은 시간은 어떻게 표현할까요?
짧은 시간을 나타내는 시간의 단위 표현을 알아봐요.

하나 데시초(ds) 10분의 1초 ➡ 0.1초

기록을 다투는 육상에서는 출발 신호를 듣고 0.1초보다 빨리 출발했다면 부정 출발이라는 규칙이 있어요. 사람이 소리를 듣고 몸이 움직일 수 있는 시간이 0.1초보다 빠를 수 없기 때문이라고 해요.

둘 센티초(cs) 100분의 1초 ➡ 0.01초

어떤 상황을 보고 몸으로 행동하는 데에 걸리는 반응 시간은 0.25초 정도예요. 야구 종목은 빠른 공이 날아오는 것을 보고 재빠르게 공을 칠지, 말지 판단할 수 있어야 해요.

셋 밀리초(ms) 1,000분의 1초 ➡ 0.001초

0.001초는 사람의 눈으로 확인할 수 있는 가장 짧은 시간이에요. 쇼트트랙 종목은 정확한 순위를 매기기 위해 0.001초까지 기록을 재요. 기록이 똑같아서 공동 금메달을 받은 예도 있어요.

> 마지막까지 힘껏 발을 내밀어 보자, 이얏!

넷 마이크로초(μs) 100만분의 1초 ➡ 0.000001초

더 짧은 순간을 기록하는 첨단 장비도 있어요. 2012년 런던 올림픽부터 100만분의 1초의 시간을 기록하는 '퀀텀 타이머'가 도입됐지요. 1초에 100만 장의 사진을 찍는데, 그중 1장의 사진을 찍는 데 걸리는 시간이 1마이크로초예요.

> 100만분의 1초까지 내 순간을 기록해 줘~!

> 꽁멍아, 저쪽에서 또 맛있는 냄새가 나는데? 눈 깜짝할 사이에 사라지기 전에 가 보자!

> 운동선수에게는 눈 깜짝할 시간도 긴 시간이었네!

? 육상에서는 출발 신호를 듣고 □초 안에 출발하면 부정 출발로 규칙을 정했어요. □ 안에 들어갈 시간을 고르세요.

❶ 데시   ❷ 센티   ❸ 밀리   ❹ 마이크로

❶ : 답정

설날은 왜 해마다 달라질까?

설날은 해마다 날짜가 달라요!

크리스마스는 12월 25일이에요. 설날은 몇 월 며칠일까요?
설날은 날짜가 정해져 있지 않아서 해마다 달라요. 확인해 볼까요?

시간과 달력

설날은 왜 해마다 날짜가 바뀔까요?

크리스마스 날짜가 바뀌지 않는 건 양력으로 12월 25일이기 때문이에요. 반면 해마다 설날 날짜가 바뀌는 건 음력 1월 1일이기 때문이에요. 양력과 음력은 무엇이 다를까요?

양력 지구가 태양 주변을 도는 시간을 1년으로 정함.

1년이 365일인 걸 보니 우리 양력을 쓰고 있는 건가 봐.

지구가 태양 주변를 한 바퀴 도는 데 걸리는 시간 = 365.24일

1년을 365일로 삼으면 1년이 지날 때마다 6시간 차이가 나요. 이런 차이를 해결하기 위해 4년마다 2월 29일 하루를 더 만들어요. 2월 29일이 있는 해를 '윤년'이라고 해요.

음력 달이 지구를 도는 시간을 1달로 정함.

시간과 달력

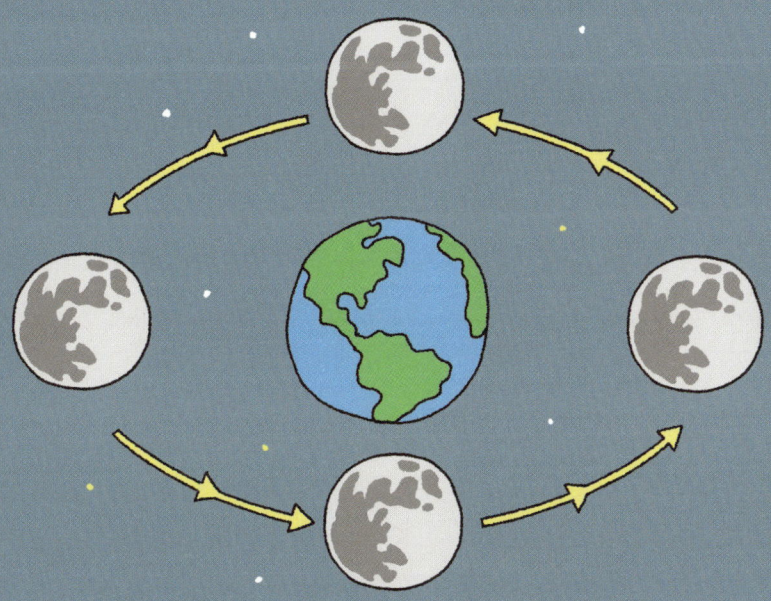

달의 모양이 다시 돌아오는 데까지 걸리는 시간 = 29.5일

1년은 12달이니까 29.5×12=354일이에요.

양력과 음력 사이에는 11일의 차이가 생겨요. 이 문제를 해결하기 위해 어떤 해에는 한 달을 더해 1년이 13개월이 돼요. 이런 달을 '윤달'이라고 해요. 설날은 음력 1월 1일이기 때문에 양력 달력에서는 해마다 날짜가 달라져요.

할아버지, 할머니 생신도 음력이라 해마다 날짜가 달라졌던 거구나. 음력 날짜는 어쩐지 좀 헷갈리는데?

양력 기념일과 음력 기념일을 찾아봐요!

양력은 전 세계에서 표준으로 삼은 달력이에요. 대부분 기념일은 양력 날짜로 정해요. 해마다 날짜가 변하지 않아서 기억하기 쉬워요. 사다리타기로 기념일을 찾아가 자음을 보고 어떤 날인지 맞혀 보세요.

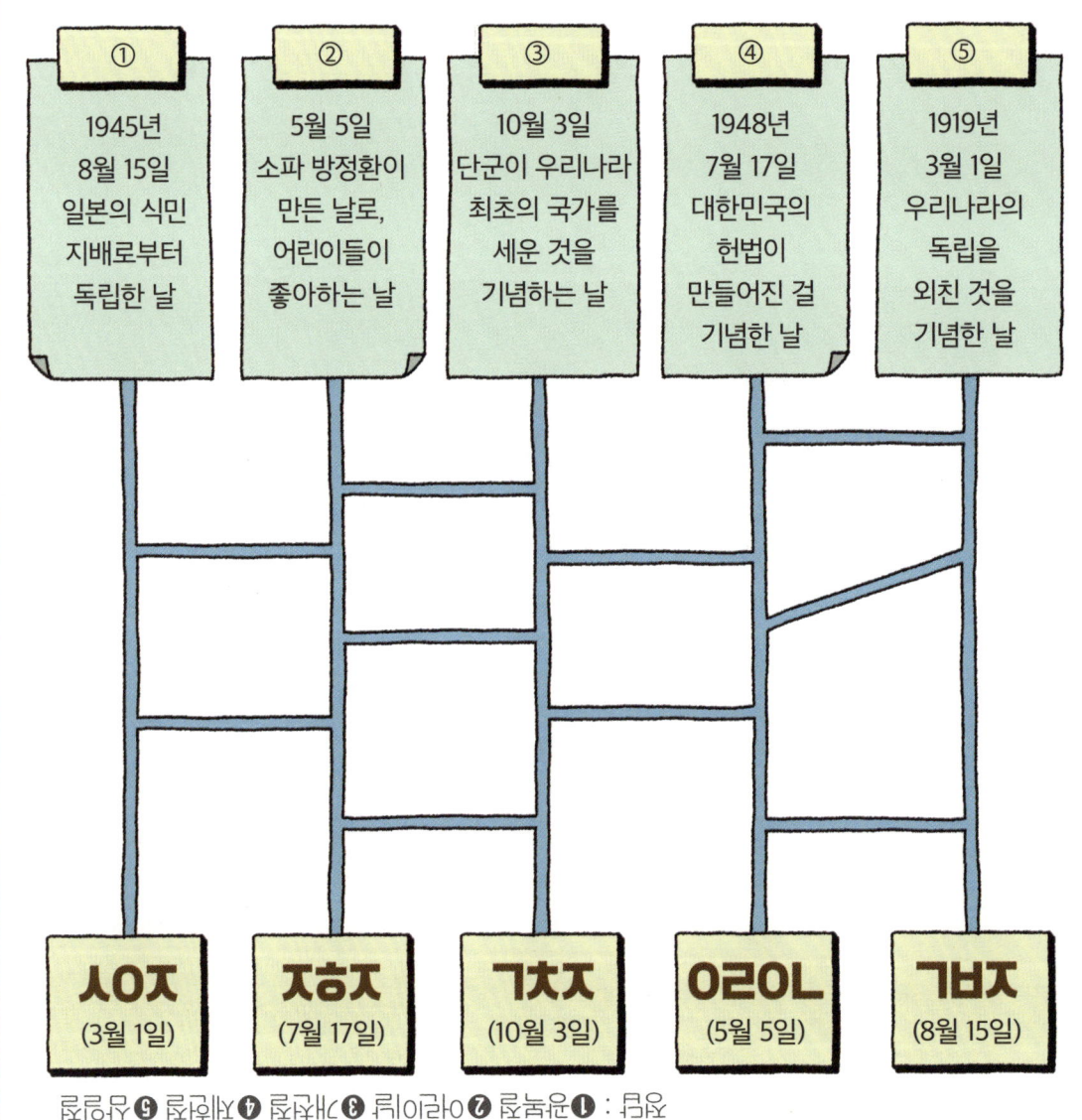

① 1945년 8월 15일 일본의 식민 지배로부터 독립한 날

② 5월 5일 소파 방정환이 만든 날로, 어린이들이 좋아하는 날

③ 10월 3일 단군이 우리나라 최초의 국가를 세운 것을 기념하는 날

④ 1948년 7월 17일 대한민국의 헌법이 만들어진 걸 기념한 날

⑤ 1919년 3월 1일 우리나라의 독립을 외친 것을 기념한 날

ㅅㅇㅈ (3월 1일)
ㅈㅎㅈ (7월 17일)
ㄱㅊㅈ (10월 3일)
ㅇㄹㅇㄴ (5월 5일)
ㄱㅂㅈ (8월 15일)

정답: ① 광복절 ② 어린이날 ③ 개천절 ④ 제헌절 ⑤ 삼일절

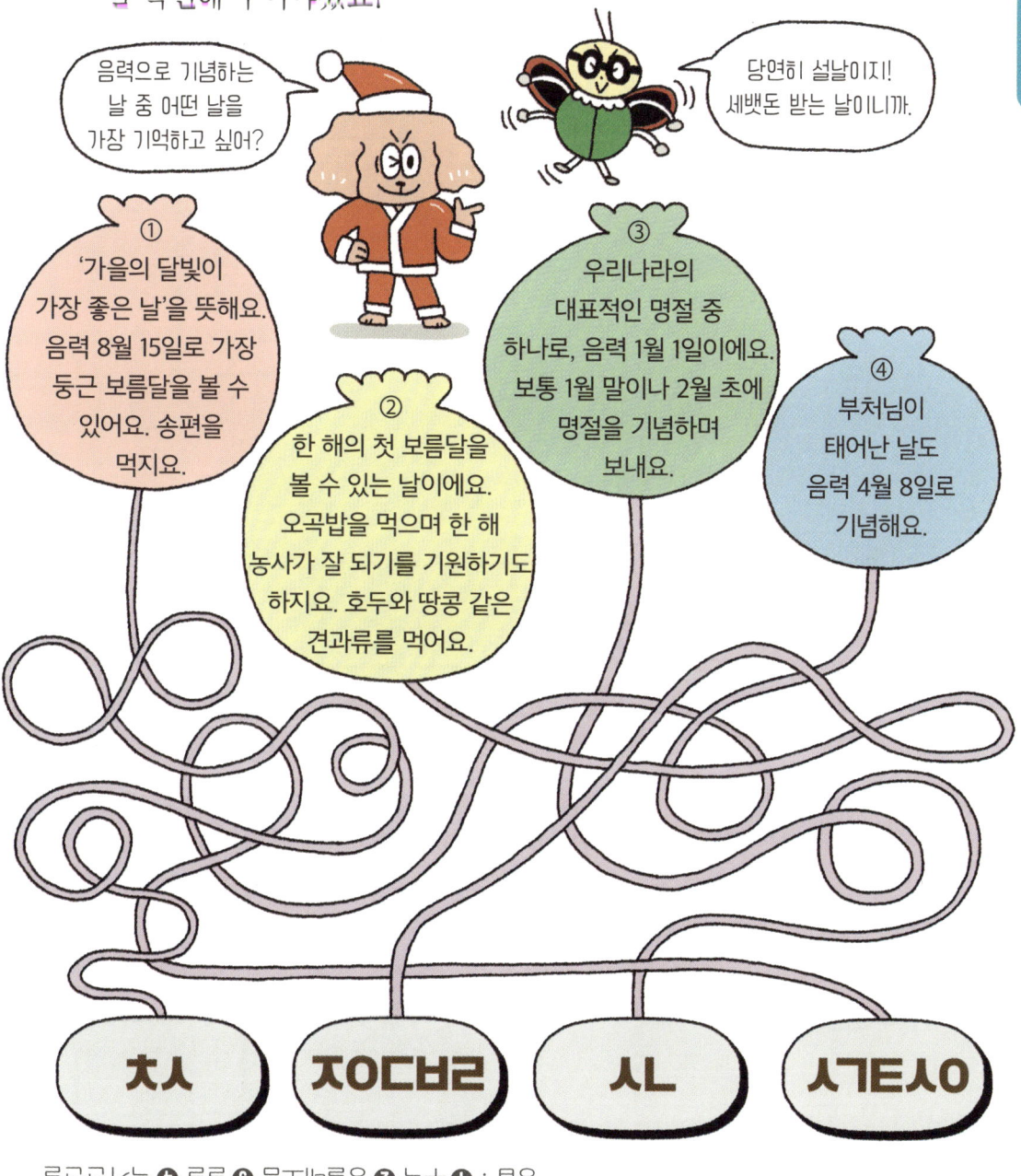

한국은 아침인데, 왜 영국은 밤일까?

지구는 매일 스스로 한 바퀴를 돌아요!

한국이 아침일 때, 영국이 밤인 건 지구가 매일 스스로 한 바퀴를 돌기 때문이에요. 이것을 '지구의 자전'이라고 해요. 지구가 한 바퀴를 도는 것이 왜 나라마다 낮과 밤이 다르게 만드는지 알아봐요.

시간의 기준은 무엇으로 정하나요?

나라마다 시간의 차이가 있다면, 기준이 있어야 해요.
나라마다 무엇을 기준으로, 어떻게 계산할까요?

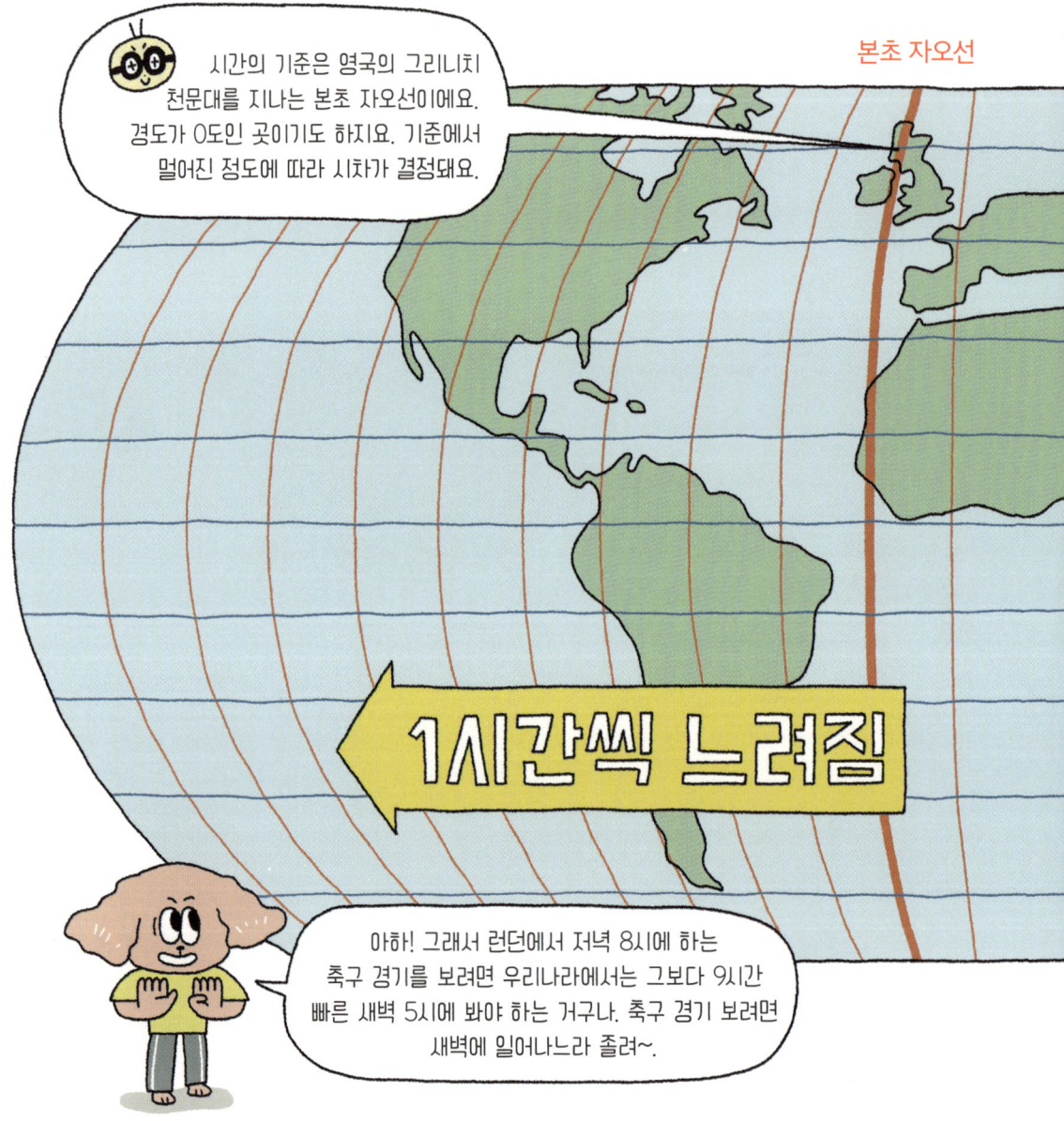

> ❓ 다음 빈칸에 알맞은 수를 채워 넣으세요.
>
> 본초 자오선에서 동경 135도에 있는 우리나라는 영국과 ☐시간 차이가 나요.
> 지구가 1시간마다 ☐도씩 서쪽에서 동쪽으로 돌기 때문이에요.

정답 : 9, 15

시간과 달력

지구본을 보면 가로선과 세로선이 있어요. 지구를 똑같은 간격으로 나눈 선이에요. 가로선은 '위도' 세로선은 '경도'라고 해요.

동경 135°

1시간씩 빨라짐

우리나라는 동경 135도인 곳에 있어. 135÷15=9니까 본초 자오선이 있는 영국 런던과 9시간 차이가 난대. 우리나라가 영국 런던보다 9시간 빠른 거야.

세계 여러 나라 도시와의 시차가 궁금해요!

세계 여러 나라 도시와 우리나라의 시간 차이를 알아봐요.

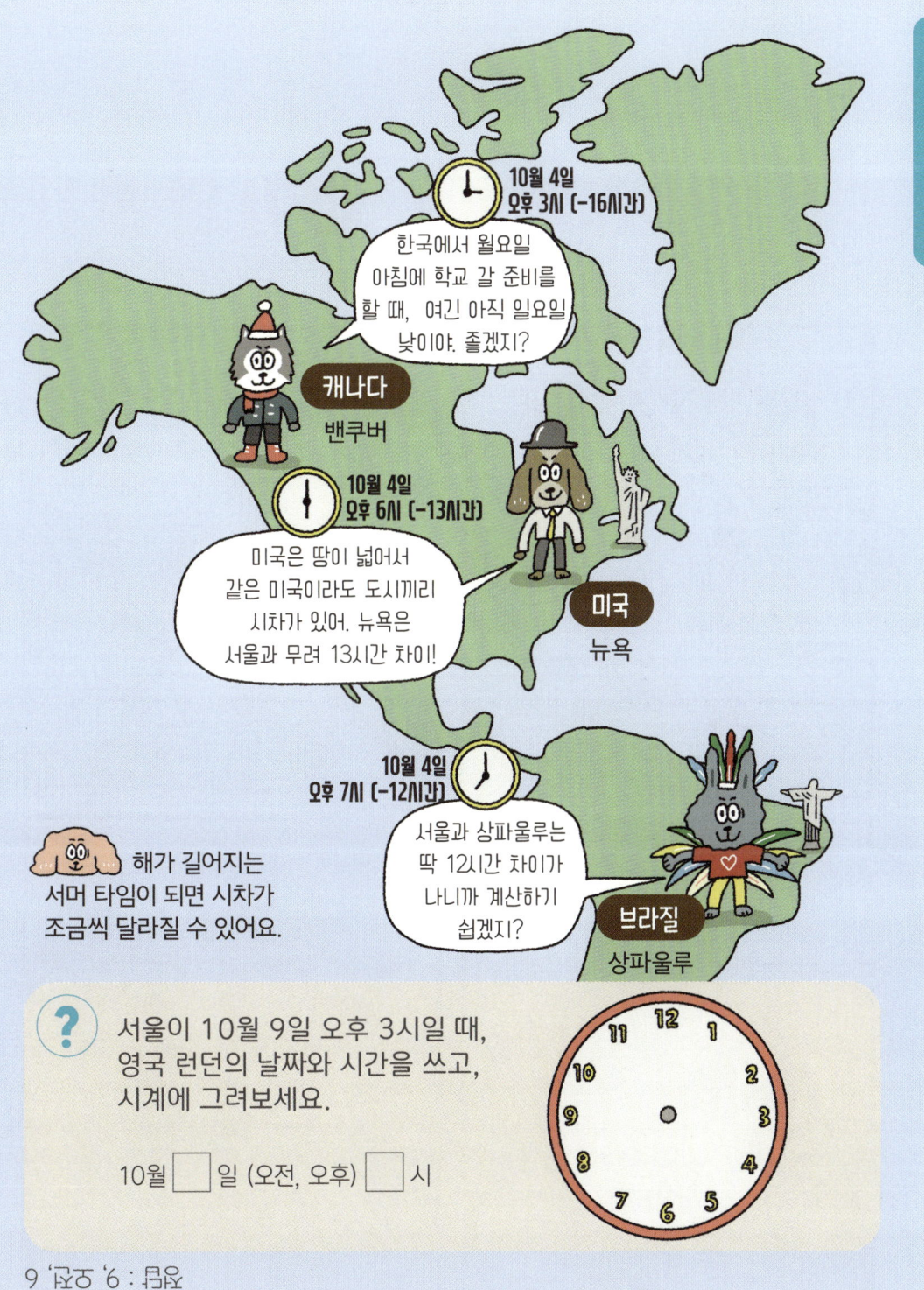

삼각김밥 하나로는 배가 안 차!

삼각김밥은 어디서 왔을까요?

편의점에서 간편하게 먹을 수 있는 삼각김밥은 어디서 온 음식일까요? 삼각김밥이 어떻게 동네 편의점으로 오게 되었는지 알아봐요!

삼각김밥은 삼각형이라서 좋을까요? 아쉬울까요?

'삼각김밥'은 편의점에서 간편하게 먹을 수 있어요. 삼각김밥이 삼각형이라서 좋은 점도 있고, 아쉬운 점도 있다고 해요. 사람들의 생각을 들어봐요!

삼각김밥, 하나로는 양이 부족해요!

삼각김밥은 보통 김밥의 약 3분의 1정도의 양으로 한 끼 식사로는 부족해요. 그래서 삼각김밥 여러 개를 먹거나, 컵라면과 함께 먹지요. 제품을 만드는 회사에서는 삼각형으로 만드는 것이 판매 전략이 될 수 있어요.

약 110그램 < 약 300그램

삼각김밥, 깔끔하게 먹을 수 있어요!

삼각형 주먹밥은 먹을 때 입에 닿는 부분이 적어서 먹기에 편리해요. 삼각형, 사각형, 원형의 주먹밥이 있다면 색칠된 곳을 한입에 먹게 돼요. 삼각형 모양이 다른 모양에 비해 입에 음식을 덜 묻히고 먹을 수 있어요.

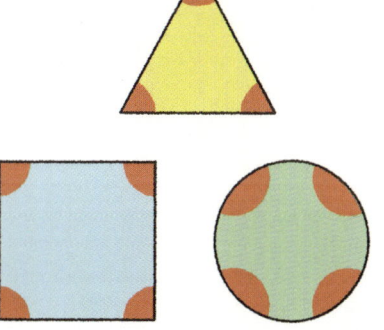

삼각김밥, 양이 많아 보여요!

삼각형 김밥은 다른 모양에 비해 양이 많아 보인다는 장점이 있어요. 언뜻 볼 때 모양이 다른 3개는 비슷한 자리를 차지하고 있는 것처럼 보이지만, 넓이는 사각형이 제일 크고 그다음 원, 삼각형 순이에요. 삼각김밥은 몇 개만 두어도 꽉 차 보이는 효과가 있어요.

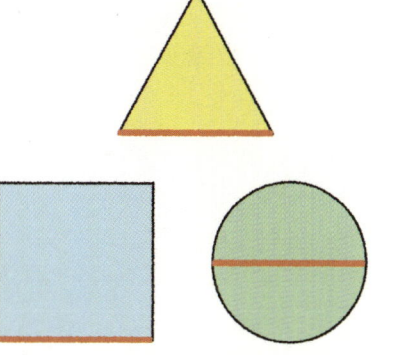

삼각형 모양의 포장을 찾아봐요!

삼각형 포장으로 된 먹거리에는 또 어떤 것들이 있을까요?
편의점에서 찾은 삼각형 포장 음식을 모아 봤어요!

음식과 도구

"삼각형으로 된 포장 음식이 생각보다 많구나!"

"대부분 우유는 종이 상자로 된 포장이나 플라스틱 병으로 되어 있잖아. 나처럼 비닐로 된 삼각 포장은 포장 비용을 줄일 수 있어. 또 뾰족한 부분을 가위로 자르면 먹기에도 편해!"

"차를 담아 우리는 티백은 나처럼 삼각형 입체가 많아. 납작한 티백보다 부피가 있는 입체라서 차의 향을 잘 우러나게 하지!"

? '나'는 누구일까요?

"나는 모든 면이 삼각형으로 되어 있어. 비닐로 만들어져 있어서 뾰족한 부분을 자르면 쉽게 안에 있는 것을 마실 수 있지!"

❶ 삼각형 샌드위치   ❷ 삼각김밥   ❸ 삼각 포장 우유   ❹ 삼각 티백

❸ : 답정

10 수박 한 통, 똑같이 나눠 먹으려면?

수박과 모양이 닮은 과일을 찾아요!

수박은 과일 중 가장 크기가 커요. 모양은 동그란 공 모양이에요.
수박처럼 동그란 공 모양인 과일은 또 어떤 게 있을까요?

똑같이 나누려면 어떻게 자를까요?

커다란 수박을 여러 사람과 나눠 먹으려면 어떻게 자르는 게 좋을까요? 모두가 똑같이 나눠 먹는 방법을 생각해 봐요.

여러 가지 과일을 똑같이 나눠 봐요!

여러 가지 과일을 똑같은 모양으로 나누려면 어떻게 잘라야 할까요?
과일의 모양을 생각하며 똑같이 나눠 봐요.

바나나가 1개밖에 없는데, 통통이랑 똑같이 나눠 먹으려면……? 아하, 이렇게 자르면 되겠다!

바나나는 살짝 휘어진 모양이니까, 이렇게 반 자르면 거의 비슷하게 반씩 먹을 수 있어. 너무 평범하다고?

바나나를 길게 반으로 자르면 이런 모양으로 두 개가 돼. 통통이는 엉뚱하니까 이렇게 잘라 주면 더 좋아할지도 몰라. 크크.

11
국수마다 모양이 다르다고?

스파게티와 라면, 무엇이 다를까요?

스파게티와 라면은 사람들이 좋아하는 대표적인 면 음식이에요.
하지만 두 음식은 모양도, 맛도 아주 달라요.
우선 스파게티와 라면의 면 생김새부터 비교해 봐요.

> 얇고 긴 면이 매력인 스파게티!

스파게티를 만들어 볼까요? 토마토소스를 듬뿍 넣은 스파게티를 만들면서 얇고 곧은 면의 특징도 알아봐요.

준비물
스파게티 면(500원 동전 지름만큼), 토마토소스(1인분), 양송이버섯(3~5개), 새우나 베이컨(3개), 양파(2분의 1개), 물(500밀리리터), 소금(약간)

스파게티 면은 동그랗고 긴 막대 모양이에요. 길이는 약 25센티미터, 두께는 약1.5밀리미터예요.

❶ 냄비에 물과 소금을 조금 넣고 끓여요.

❷ 물이 끓으면 면을 넣고 삶아요. 면의 두께에 따라 면을 삶는 시간이 달라져요.
두께 1.2밀리미터 ➡ 약 3분
두께 1.5밀리미터 ➡ 약 6분
두께 1.8밀리미터 ➡ 약 10분

❸ 채소와 베이컨 등의 재료를 볶다가 토마토소스를 부어요.

❹ 미리 삶아둔 스파게티 면을 소스에 넣고 잘 섞어 주면 완성!

파스타  모양에 따라 이름이 달라요

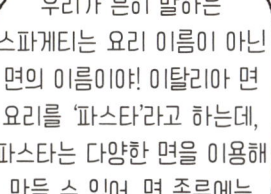

우리가 흔히 말하는 스파게티는 요리 이름이 아닌 면의 이름이야! 이탈리아 면 요리를 '파스타'라고 하는데, 파스타는 다양한 면을 이용해 만들 수 있어. 면 종류에는 어떤 게 있는지 볼래?

❶ 부카티니
동그란 막대 모양인데, 빨대처럼 가운데 구멍이 뚫려 있어요. 덕분에 구멍으로 소스가 잘 스며들어요.

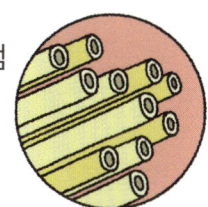

❷ 페투치네
칼국수처럼 납작한 모양이에요. 동그란 면보다 소스가 잘 묻고, 맛도 잘 스며들어요.

❸ 펜네
원통 모양을 어슷하게 썰어 놓은 모양이에요. 가운데 큰 구멍이 있어 소스가 많이 필요해요. 면에 소스가 듬뿍 묻어 맛이 잘 느껴져요.

❹ 파르펠레
나비 또는 리본 모양처럼 생겼어요. 귀여운 모양 덕분에 특히 어린이들이 좋아해요.

 파스타 면 중 어떤 면에 대한 설명인지 고르세요.

「동그란 긴 막대 모양이고, 가운데 구멍은 뚫려 있지 않다. 면이 매끈하고 탱글탱글하다.」

❶ 펜네 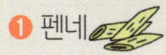　❷ 부카티니 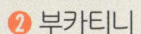　❸ 페투치네 　❹ 스파게티

꼬불꼬불한 라면, 빠르고 간편해요!

이번에는 라면을 만들어 볼까요? 매콤하면서도 짭조름한 라면의 면이 왜 꼬불꼬불한지도 알아봐요.

준비물
라면 한 봉지, 물 500밀리리터

❶ 냄비에 물을 넣고 물이 끓으면 수프와 라면을 넣고 끓여요.

약 5분 정도의 시간이 걸려요. 이미 한 번 기름에 튀긴 면인 데다가 열이 꼬불꼬불한 면 사이사이에 들어가서 익는 시간이 적게 걸려요.

❷ 누구나 쉽게 만들 수 있는 맛있는 라면 완성!

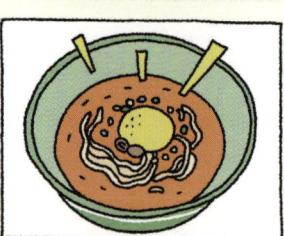

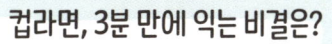

컵라면, 3분 만에 익는 비결은?

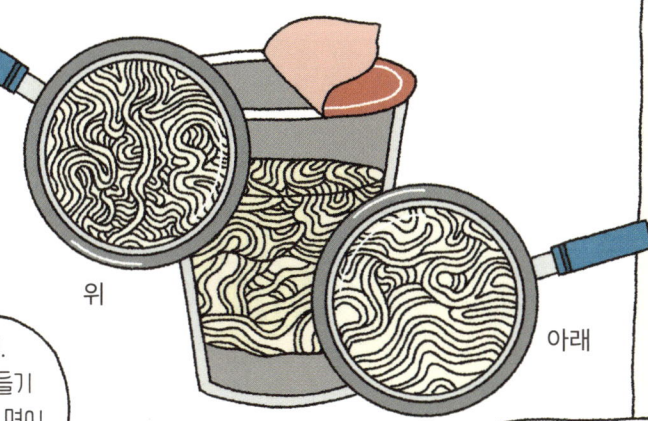

위 / 아래

라면도 맛은 있지. 간편하고 빠르게 만들기 위해서는 꼬불꼬불한 면이 좋구나. 말하다 보니 라면 생각이 나네.

컵라면은 끓는 물을 용기에 붓기만 하면 면이 익어 더욱 간편해요. 면이 익기까지 걸리는 시간은 3분! 3분 동안 열이 빠져나가지 않도록 스티로폼 용기를 만들었어요. 또 빠르게 면이 익기 위해 열이 올라가는 위쪽은 면이 빼곡하게 되어 있지만, 열이 덜 머무는 아래쪽은 성글게 되어 있어요.

꽁멍아, 그럼 우리 컵라면 하나씩 먹을까? 컵라면은 더 간편하니까 디저트로 좋다니까. 크크.

 라면의 면 모양이 꼬불꼬불한 것과 관련이 있는 것을 고르세요.

❶ 매끈하고 딱딱해요.
❷ 꼬불꼬불한 라면은 곡선 모양이에요.
❸ 겉면이 익는 데에 오랜 시간이 걸려요.
❹ 적은 양을 먹어도 배가 불러요.

정답 : ❷

12
캔은 왜 모두 원기둥 모양일까?

자판기에 있는 음료수, 어떤 모양일까요?

덥고 목이 마를 때, 시원한 음료수가 생각나요.
자판기의 음료수는 어떤 모양이 많나요?

음식과 도구

뚜껑을 돌리는 병 음료수랑 꼭지를 따는 캔 음료수가 있어.

음료수 캔처럼 위아래는 모양과 크기가 똑같은 원으로 되어 있고, 옆면은 직사각형을 동그랗게 말아 만든 걸 '원기둥'이라고 해.

? 음료수 캔은 윗면과 아랫면이 같은 크기의 원인 기둥 모양이에요.
보기에서 찾아보세요.

❶ ❷ ❸ ❹

정답: 2

캔은 꼭 원기둥이어야 할까요?

음료수 캔뿐 아니라 마트에 가면 다른 캔들도 볼 수 있어요.
어떤 캔들이 있는지 찾아보고 어떤 모양인지 함께 알아봐요.

원기둥 캔이 재료가 적게 든대요!

원기둥 캔은 사각기둥이나 삼각기둥 모양의 캔을 만들 때보다 재료도 적게 들어요. 같은 크기의 종이로 삼각기둥, 사각기둥, 원기둥을 만들어 확인해 봐요.

준비물
같은 크기의 색이 다른 종이 3장, 콩, 유리컵

짠! 같은 크기의 종이로 삼각기둥, 사각기둥, 원기둥 완성!

제법인데! 이제 세 기둥을 비교해 보자!

삼각기둥　　사각기둥　　원기둥

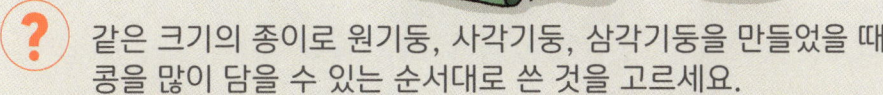

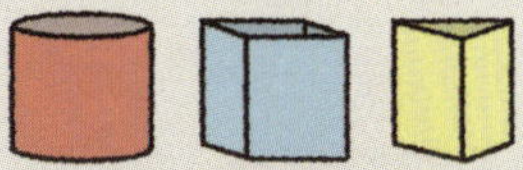

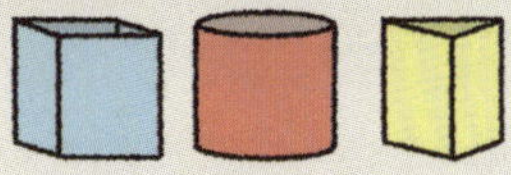

13
케이크 맛이 이상해!

어떤 계량 도구가 필요할까요?

음식과 도구

케이크를 만들 때 밀가루, 설탕, 버터, 우유 같은 식재료 말고도 꼭 필요한 것이 있어요. 바로 '계량 도구'예요. 케이크 재료를 정확하게 계량해야 하기 때문이에요. 어떤 도구가 필요한지 알아봐요.

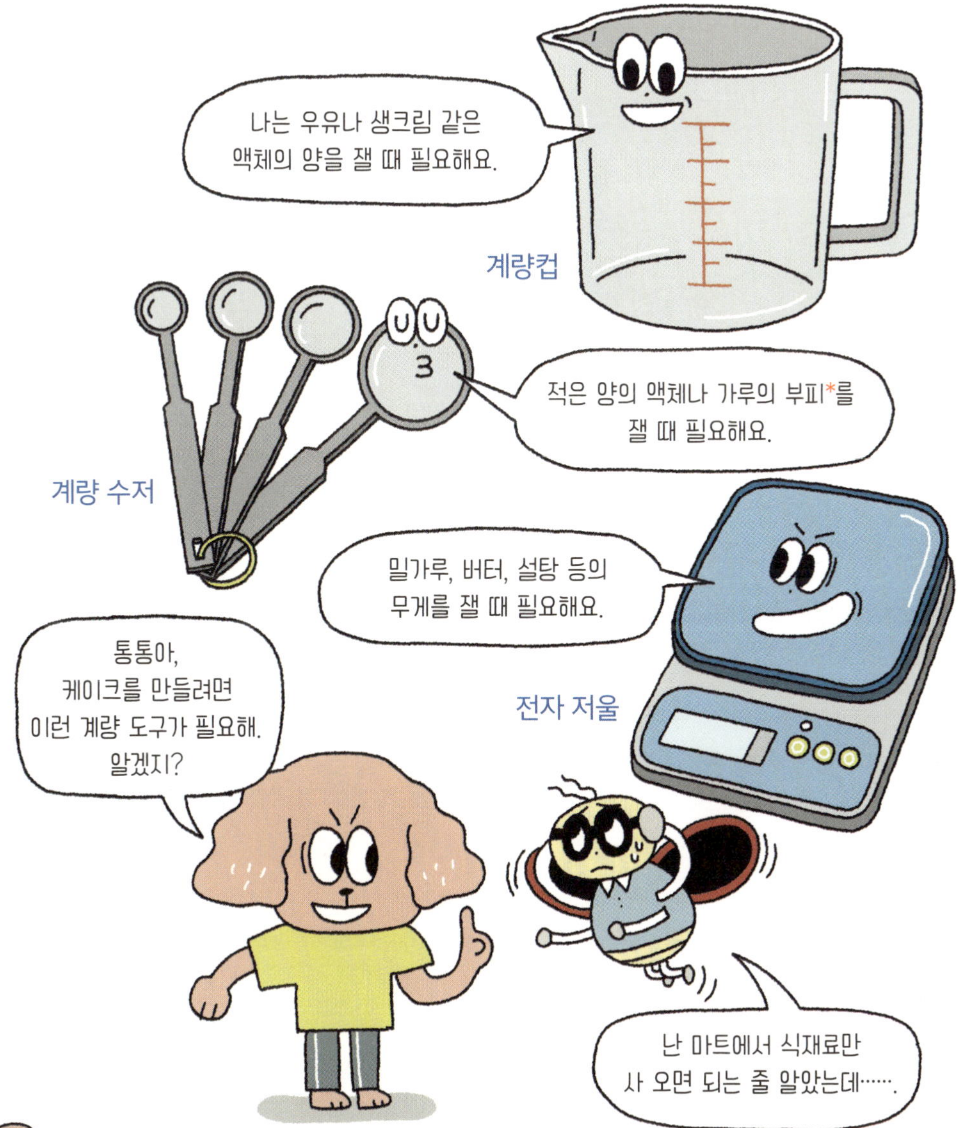

나는 우유나 생크림 같은 액체의 양을 잴 때 필요해요.

계량컵

적은 양의 액체나 가루의 부피*를 잴 때 필요해요.

계량 수저

밀가루, 버터, 설탕 등의 무게를 잴 때 필요해요.

통통아, 케이크를 만들려면 이런 계량 도구가 필요해. 알겠지?

전자 저울

난 마트에서 식재료만 사 오면 되는 줄 알았는데……

 부피는 물체가 공간에서 차지하는 크기예요.

케이크 만들기는 정확한 계량이 중요해요!

케이크 재료와 계량 도구를 다 준비했다면 딸기 케이크를 만들어 봐요. 맛있는 케이크를 만들려면 정확한 계량은 필수랍니다!

통통아, 설탕 90그램과 밀가루 90그램, 버터 25그램을 저울로 정확하게 재서 반죽을 해야 해. 알겠지?

응~. 난 대충 넣어도 될 줄 알았지 뭐.

❶ 달걀 3개, 설탕 90그램, 밀가루 90그램, 버터 25그램을 넣고 잘 섞어 반죽을 만듭니다. 오븐에 180도로 25분을 구우면 스펀지케이크 완성!

★ 무게의 표준 단위 킬로그램(kg)
물건의 무거운 정도를 나타내요. 밀가루, 설탕, 버터 같은 가루나 고체의 무게를 잴 때 저울을 이용해서 정확한 양을 잽니다.
1킬로그램 = 1,000그램

계량 도구가 없을 때는 어떡할까요?

계량 도구가 없다면, 종이컵과 숟가락을 이용해 잴 수 있어요. 케이크를 만들 때 필요한 우유, 밀가루, 설탕을 종이컵에 가득 채웠을 때 몇 그램인지 알아봐요.

❓ 고소한 스콘을 만들기 위해 밀가루 400그램, 설탕 50그램, 우유 100그램이 필요해요. 계량 도구가 없어서 종이컵을 이용해 재료의 양을 재려고 할 때, 각각의 재료량을 적당하게 잰 것을 고르세요.

①  종이컵에 밀가루를 가득 채워서 3번 넣고, 네 번째에는 절반보다 조금 더 넣은 양을 더하면 돼.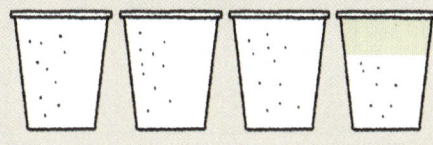

②  종이컵에 설탕을 절반 정도 넣으면 돼.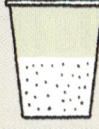

③  종이컵에 우유를 가득 채우면 돼.

❶ : 答정

종이컵으로 계량하는 건 계량 도구가 없을 때 간편하긴 하지만, 정확한 양을 계량하긴 어려워. 맛있는 빵을 만들려면 계량 도구를 써서 재료의 양을 정확하게 재야 해.

나 다시 마트에 계량 도구 사러 간다.

음식과 도구

14

다른 모양의 주사위도 있을까?

주사위와 똑같은 상자 모양 물건을 찾아봐요!

게임을 할 때 사용하는 주사위는 반듯한 상자 모양이에요. 6개의 면이 모두 정사각형이지요. 주사위와 모양이 같은 물건에는 무엇이 있을까요?

모든 면이 똑같으면 주사위가 될 수 있어요!

던졌을 때 모든 면이 공평하게 나오려면 모든 면이 똑같은 입체도형이어야 해요. 면이 6개인 정육면체 말고도 주사위로 삼을 수 있는 입체도형에는 어떤 것이 있을까요?

정사면체
정삼각형 면이 4개인 주사위. 던졌을 때 뾰족한 부분이 위로 오기 때문에 바닥에 맞닿은 면에 있는 숫자를 읽으면 된다.

정육면체
정사각형 면이 6개인 주사위. 반듯한 면이 위로 오기 때문에 나온 수를 읽기 편리하다. 주사위로 가장 많이 쓰인다.

정팔면체
정삼각형 면이 8개인 주사위. 면의 개수는 적절한 편이다. 위에서 내려다보았을 때 정삼각형 모양이 정확하게 보이는 면을 읽으면 된다.

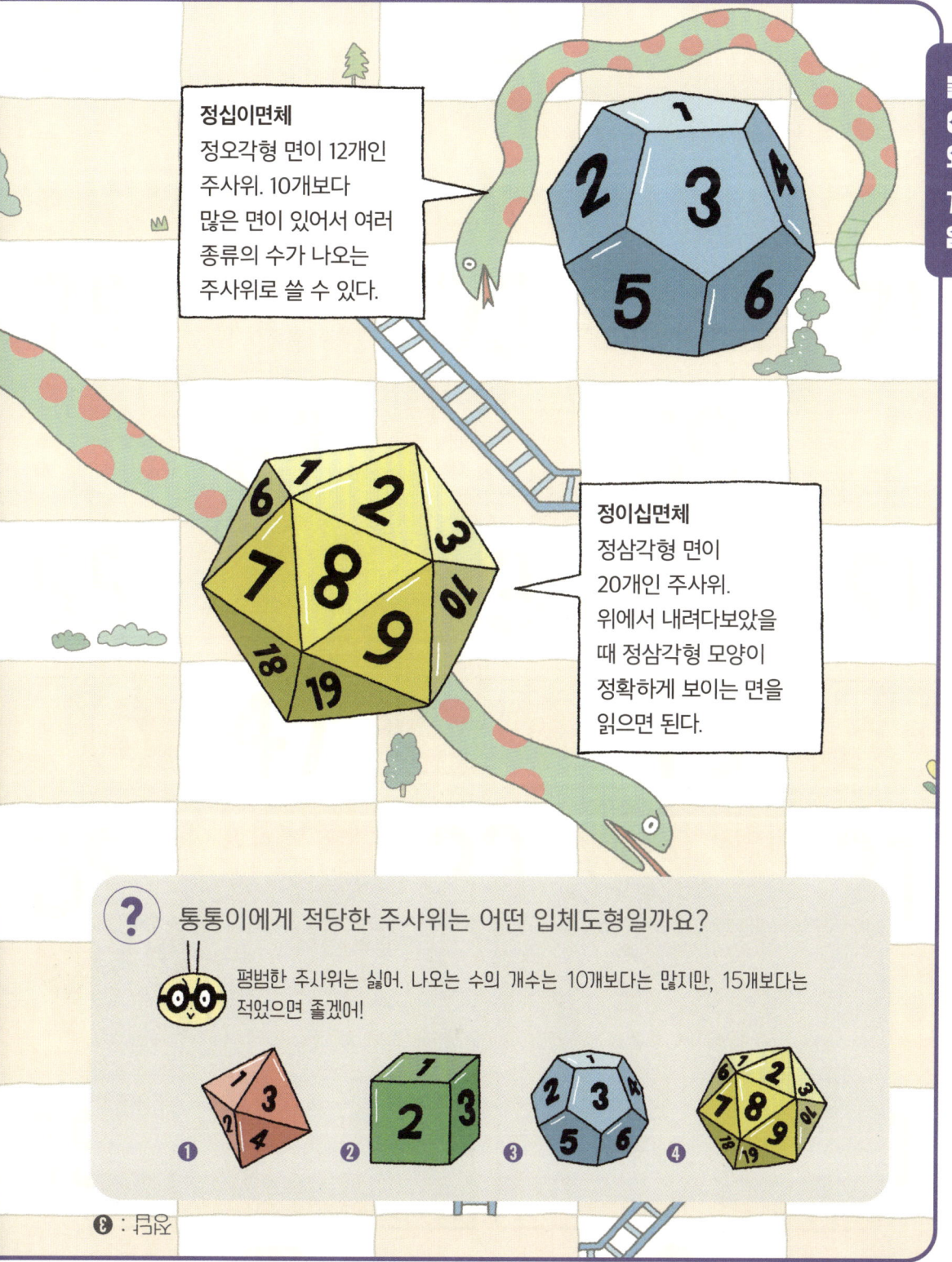

15
가위바위보 말고 더 있어?

가위, 바위, 보에서 가장 좋은 것 있을까요?

게임을 하거나 순서를 정할 때 '가위바위보'를 해요. 3가지 중에 선택해서 내면 승패를 정할 수 있어요. 가위, 바위, 보에서 최고로 강한 것이 있을까요? 없을까요?

꽁멍이가 이긴다! / 통통이가 이긴다! / 무승부!

가위, 바위, 보 3가지 중에 가장 좋은 것은 없어! 서로서로 이기도록 규칙을 만들었기 때문이야.

폭탄을 내서 다 이기고 싶었는데……. 셋이서 가위바위보를 하니까 자꾸 비겨서 재미가 없잖아.

셋이서 하는 가위바위보 얼마나 비길까요?

셋이서 가위바위보를 하면 자꾸 비긴다는 통통이 말이 사실일까요? 얼마나 자주 비기는지 직접 세어 봐요.

가위, 바위, 보! 또 비겼네!

총 27번 중 9번 비기네. 많은 건가? 적은 건가?

그, 그러게. 아주 많지는 않네!

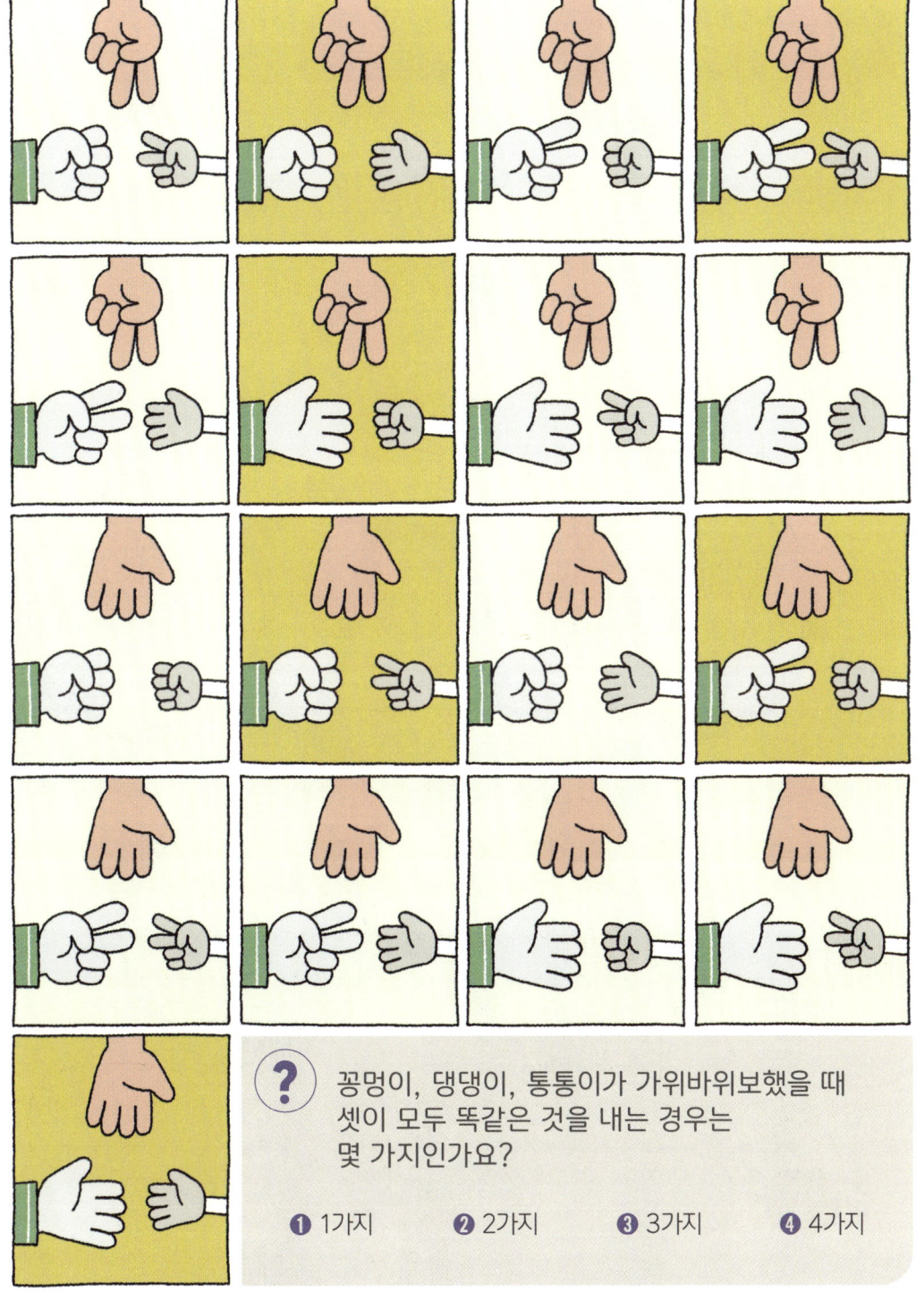

놀이와 게임

꽁멍이, 댕댕이, 통통이가 가위바위보했을 때 셋이 모두 똑같은 것을 내는 경우는 몇 가지인가요?

❶ 1가지   ❷ 2가지   ❸ 3가지   ❹ 4가지

정답 : ❸

> 가위, 바위, 보에서 두 가지를 더 낼 수 있다고요?

가위바위보는 꼭 3개여야만 할까요? 두 가지 늘린
다섯 가지 가위, 바위, 보, 도마뱀, 외계인도 있어요. 규칙을 알아봐요.

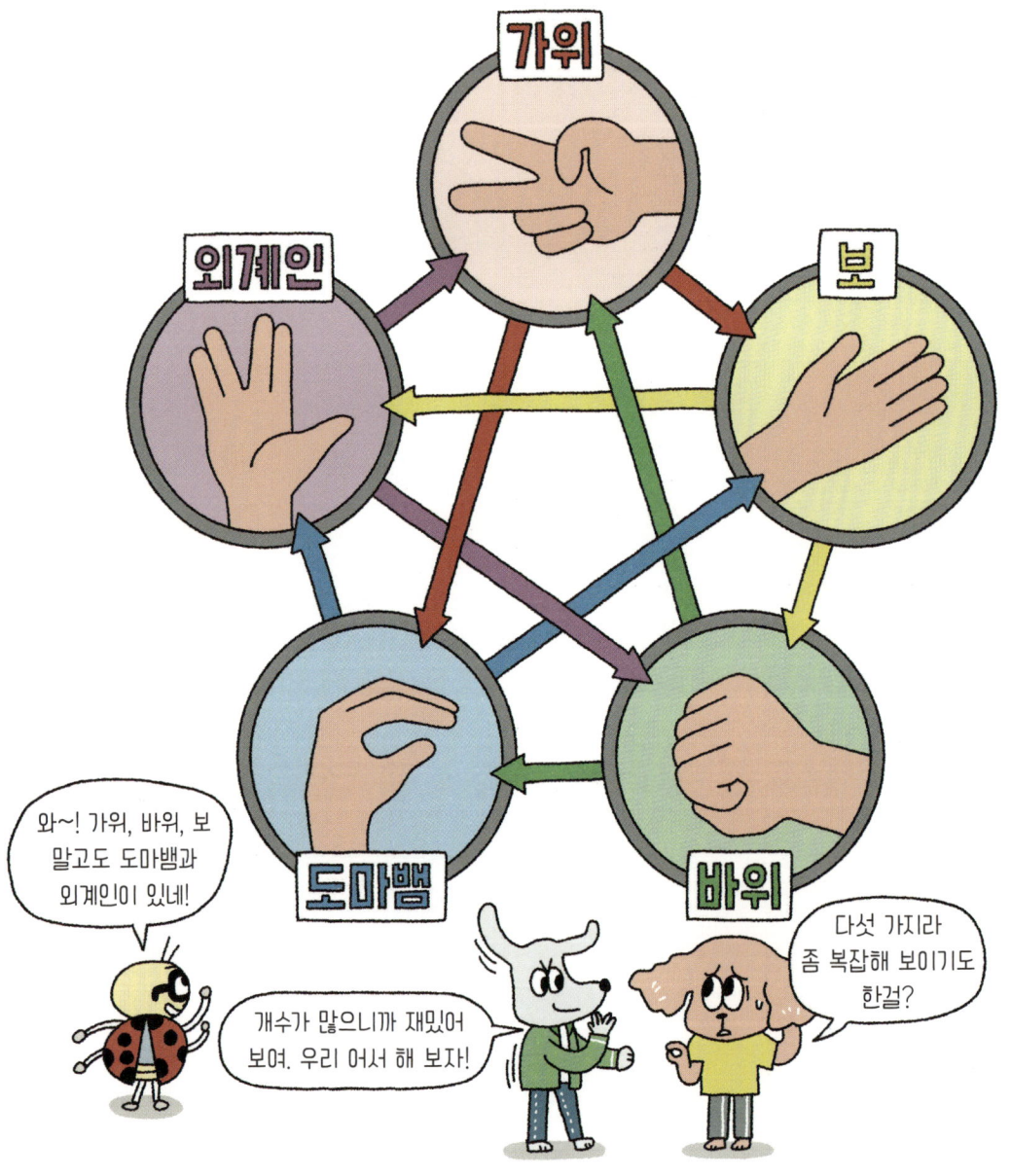

가위바위보+도마뱀, 외계인의 규칙

❶ 기존의 가위바위보의 규칙은 그대로 따른다. 가위는 보자기를 자르고, 보자기는 바위를 덮는다. 바위는 가위를 부러뜨린다.

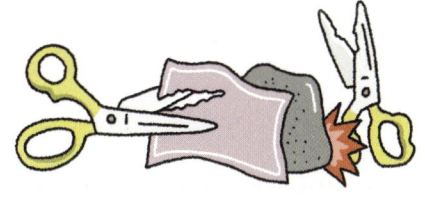

❷ 바위는 도마뱀을 뭉개고, 도마뱀은 외계인을 깨문다. 외계인은 가위를 부러뜨린다.

❸ 가위는 도마뱀을 자르고, 도마뱀은 보자기를 먹는다. 보자기는 외계인을 덮고, 외계인은 바위를 깨뜨린다.

 꽁멍이, 댕댕이, 통통이가 가위, 바위, 보, 도마뱀, 외계인 중 다음과 같이 냈어요. 결과를 바르게 나타낸 것을 고르세요.

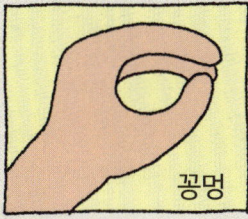

❶ 꽁멍이가 이긴다. ❷ 댕댕이가 이긴다.
❸ 통통이가 이긴다. ❹ 비긴다.

❶ : 답정

16

내가 원하는 뽑기는 왜 안 나올까?

회전판을 돌려서 선물을 받으려면?

뽑기에 동전을 넣고 돌리면 내가 갖고 싶은 게 나올 수도 있고, 갖고 싶지 않은 게 나올 수도 있어요. 아직 일어나지 않은 일이지만, 어떤 일이 일어날 가능성이 큰지 비교할 수는 있어요. 아래 두 회전판을 보고 문제를 풀어 봐요.

놀이와 게임

회전판을 돌렸을 때 1이 나오면 선물을 받을 수 있어요! 여러분은 어떤 회전판을 선택할 건가요?

회전판을 돌려요, 돌려~! 1이 나오면 선물이에요.

그럼 왼쪽 회전판을 골라야지! 1이 나올 가능성이 더 크니까 말이야. 왼쪽 회전판의 칸이 더 크잖아!!

뽑기에서 내가 원하는 게 왜 잘 안 나올까요?

우리 생활에서도 자주 '뽑기'를 한다는 걸 알고 있나요?
어떤 뽑기가 있는지 알아봐요.

누가 가장 운이 좋을까요?

뽑기 기계에 20개의 뽑기 공이 들어 있어요. 뽑기 공 안에는 선물 종류가 쓰여 있는 종이가 들어 있지요. 선물은 모두 네 가지 종류예요. 꽁멍이와 친구들이 한 개씩 뽑기로 했어요. 누가 가장 운이 좋을까요?

뽑기에 들어 있는 물건

미니 게임기	강아지 열쇠고리	자동차	자동차	자동차
강아지 열쇠고리	강아지 열쇠고리	자동차	자동차	자동차
사탕	사탕	사탕	사탕	사탕
사탕	사탕	사탕	사탕	사탕

헉, **사탕**이 나오다니!
50퍼센트

오예, 더 좋은 **미니 게임기**가 나왔어!
5퍼센트

난 **자동차 장난감**! 맘에 들어.
30퍼센트

힝, 나도 **사탕**이야.
50퍼센트

휴~다행이야. 난 강아지 **열쇠고리**다!
15퍼센트

❓ 꽁멍이와 친구들이 각각 뽑기를 뽑은 결과를 보았을 때, 가장 운이 좋은 건 누구인가요?

❶ ❷  ❸  ❹  ❺

정답: 2

17 종이비행기를 오래 날리려면?

> 직사각형 종이로 종이비행기를 접어 봐요!

대부분의 종이접기는 정사각형 색종이로 하지만, 종이비행기를 접을 땐 직사각형 종이로 많이 접어요. 종이비행기를 접어 볼까요?

종이비행기에는 삼각형이 있다고요?

종이비행기를 넓은 공원에 나가 던져 봐요. 꽁멍이와 통통이도 직접 만든 종이비행기를 힘껏 날리고 있네요. 누구의 종이비행기가 더 잘 날까요?

통통아, 누가 더 잘 나는지 날려 보자! 엥? 근데 네 비행기는 모양이 왜 그래?

난 좀 특별하게 만들어 봤어. 날개가 크면 비행기도 더 잘 날지 않을까?

종이비행기야 날아라, 날아라!

종이비행기를 만드는 방법은 아주 다양해요. 어떻게 만들어야 잘 나는 비행기를 만들 수 있을까요? 비결을 알아봐요!

하나, 무게 중심을 찾아요!

종이비행기 무게의 중심이 되는 곳을 무게 중심이라고 해요. 종이비행기를 실에 매달았을 때, 평평한 바닥과 수평을 이루는 곳이 바로 무게 중심이에요. 종이비행기의 무게 중심은 비행기의 가운데보다는 살짝 앞에 있을 때 잘 날아가요.

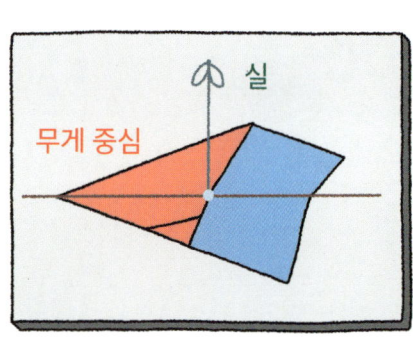

통통이 제법인데?

헤헤, 종이비행기 무게 중심 위치도 확인해 봤거든.

둘, 날개의 각도를 확인해요!

종이비행기의 양쪽 두 날개의 각도 모양에 따라서도 비행기가 다르게 날아가요. 상반각처럼 날개가 위쪽으로 올라간 모양일 때가 바람을 받는 면적이 넓어서 좀 더 잘 날아가요. 종이비행기는 바람을 타며 날아가기 때문이에요.

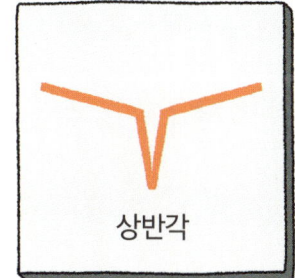
상반각

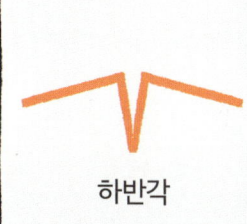
하반각

통통아, 비행기 날개도 위쪽으로 향하게 접었어?

물론이지! 이제 정식으로 대결을 신청한다! 누구 종이비행기가 잘 날아가는지 날려 볼까?

? 빈 칸에 들어갈 알맞은 말을 찾아 고르세요.

「종이비행기가 잘 날아가게 하려면 무게 중심은 중간보다 약간 □에 있어야 하고, 날개는 □로 향하는 것이 좋다.」

❶ 앞, 아래   ❷ 앞, 위   ❸ 뒤, 아래   ❹ 뒤, 위

❷ : 답정

권말 부록

꽁멍과 통통의 수학 수다 & 퀴즈!

 통통아, 열심히 놀고, 궁금한 것도 해결하다 보니 배가 고프네. 우리 가위바위보해서 이긴 사람이 먹고 싶은 간식을 먹기로 하자!

좋아 좋아!

 가위, 바위, 보!

야호, 내가 이겼다! 꽁멍아, 내가 내는 퀴즈 맞히면 컵라면 사 줄게. 라면의 면처럼 구불거리는 선을 뭐라고 하게? 또 네가 좋아하는 스파게티처럼 곧은 선을 뭐라고 할까?

 라면처럼 굽은 선은 ❶ [　　] 이고, 내가 좋아하는 스파게티의 면처럼 곧은 선은 ❷ [　　] 이지.

맞았어! 그런데 이건 연습이었고, 이제 진짜 문제를 낼게. 편의점에 가면 동그랗고 긴 김밥 말고도 독특하게 생긴 김밥이 있어. 이 김밥은 먹기도 간편하고 맛도 다양한데, 양이 좀 적은 게 흠이야. 이 김밥은 무슨 모양이게? 이 모양은 선과 뾰족한 부분이 ❸ [　] 개야.

 너무 쉬운걸? 그야 ❹ [　　] 이지. 내가 얼마나 좋아하는데! 그럼 컵라면은 네가 사는 거다! 내가 내는 퀴즈를 맞히면, 음료수는 내가 살게. 대부분 캔 음료수는 무슨 모양이게? 위와 아래가 모양이 똑같은 동그라미로 되어 있어.

음~, 캔 음료수는 위와 아래가 동그라미로 된 모양이라고 했으니까 정답은 ❺ [　　] 이야. 꽁멍아, 맞지?

정답이야! 시원한 음료수는 내가 살게! 우리 가위바위보 한 번 더 해서 이긴 사람 소원을 들어주기로 할까?

 가위, 바위, 보! 가위, 바위, 보!

좋아 좋아!

자꾸 비기네. 둘이 가위바위보를 할 때 비기는 경우가 몇 가지더라?

 둘이 할 때 무승부가 되는 경우는 ❻ ☐ 가지야.
둘이서 가위바위보를 할 때 전체 경우의 수는 9가지니까, 확률을 계산하면 ❼ ☐ 분의 ☐ 이 되지.

자, 이번 퀴즈 맞히면 내가 네 소원 들어줄게. 우리나라가 오전 10시일 때, 영국 런던은 몇 시일까?

 그건 내가 잘 알지! 내 친구 댕댕이가 사는 런던이 우리나라보다 9시간이 느리거든. 우리나라가 오전 10시니까 런던은 오전 ❽ ☐ 시야. 댕댕이 쿨쿨 자고 있겠네. 히히. 맞지?

내가 너무 쉬운 문제를 냈나? 어쨌든 정답이야. 네 소원은 뭐야?

 내가 좋아하는 딸기 케이크를 맛있게 만들어 줘! 이번에는 대충 만들지 말고 정확한 무게를 잴 때 필요한 ❾ ☐☐☐ 과 부피를 잴 때 필요한 ❿ ☐☐☐ 을 꼭 써 주길 바라! 그럼 난 집에 가서 기다릴게.

케이크 만들기 어려운데……, 꽁멍이한테 속은 기분이야. 하는 수 없이 딸기 케이크 만들러 가야겠다.

❷ 눈 깜짝할 사이는 몇 초?

1판 1쇄 인쇄 2024년 4월 5일 | **1판 1쇄 발행** 2024년 4월 25일
글 장경아 | **그림** 김종채 | **감수** 와이즈만 영재교육연구소
발행처 와이즈만 BOOKs | **발행인** 염만숙 | **출판사업본부장** 김현정 | **편집** 원선희 양다운 이지웅
기획·진행 CASA LIBRO | **디자인** 인앤아웃 | **마케팅** 강윤현 백미영 장하라
출판등록 1998년 7월 23일 제1998-000170 | **제조국** 대한민국
주소 서울특별시 서초구 남부순환로 2219 나노빌딩 5층
전화 마케팅 02-2033-8987 | **편집** 02-2033-8928 | **팩스** 02-3474-1411
전자우편 books@askwhy.co.kr | **홈페이지** mindalive.co.kr | **사용 연령** 8세 이상
ISBN 979-11-92936-34-5 77410 979-11-92936-31-4(세트)

ⓒ 2024 장경아·김종채·CASA LIBRO
잘못된 책은 구입처에서 바꿔 드립니다.
와이즈만 BOOKs는 (주)창의와탐구의 출판 브랜드입니다.
KC마크는 이 제품이 공통안전기준에 적합하였음을 의미합니다.